세 번째 출구에서 우리는

서이령 시집

문학의전당 시인선
379

세 번째 출구에서 우리는

서이령 시집

문학의전당

시인의 말

정오를 건너면서
떠날 준비를 한다는 것을 알았다.

보내면서 붙잡아본다.

눈물을 삼키면 신물이 올라온다.
입이 마르고 몸이 떨려도

당신은
안아줄 몸이 없는 사람

하루를 꼬박 앓고
저녁이 왜 붉게 물드는지 알게 되었다.

노을에 누운 사람은 아름답다.

2024년 5월
서이령

차례 시인의 말

제1부

다국적　13

Delete　14

거울의 뒷면　16

아무 일도 일어나지 않는 오후　18

아직 살아야겠으니　19

그 女子의 집　20

소문　22

아무도 그녀를 열지 않는다　24

세 번째 출구에서 우리는　25

검은 민들레　26

떠날 준비　28

우리의 관계　30

전봇대　32

그린 아파트　34

제2부

달력은 간다 37
무례한 생각 38
모노드라마 40
나의 비니 42
모래와 나방 43
차갑지 않다 44
모래의 날들 46
밥이 되는 동안 48
뱀꿈 49
안개주의보 50
프로필 사진들 52
지구 계약서 53
모델하우스 54
집으로 56

제3부

내 마음속 빈집　59
보라의 둘레　60
강물 전시관　62
단풍　63
나비의 춤　64
능소화 기다리는 남자　66
다육이　68
꽃비 속에 우두커니　70
또아리굴　71
모래 여관　72
맨드라미　74
문득,　75
무료 사진 촬영권　76
몽골 초원에서　78

제4부

산세비에리아 81
선인장 꽃 82
일기예보에 진눈깨비는 없다 84
타종 86
포스트잇 87
알프스의 쪽배 88
처서 90
출구에 대하여 91
태풍이 지나갔다 92
폭설 94
한로(寒露) 96
소란 97
호랑거미 98
오늘의 기도 100

해설 | 우리는 다시 만날 것이다, 처음인 것처럼 101
| 임지훈(문학평론가)

제1부

다국적

거실에 모인 사람들이
다국적으로 커피를 마시고 있다

저녁 7시 종합뉴스 속에서는
아프간 아이들이 태권도를 배우고
뮌헨에 사는 아들은 페이스 토크를 하고
일본에 사는 딸은 일본식 원피스를 재단하고
나는 정말 중요한 것은 보이지 않아, 라는
문구를 두드린다

조금 더 일본적이고
조금 더 독일적인
가족 사이가
가까울수록 멀어지는 화면 속에서
우린 서로 한국적이기를 바라면서
다국적이 된다

Delete

꽃, 메시지 그리고 너
소낙비가 내리는 창문이 그리워져서
눈을 감는다
빛이 사라지는 것을 보면서
네가 왔다 가는 것이 보이지만
문을 열면 무너질 것 같아서
(삭제)

화면 속에서만 존재하는 너
먼 곳에 사는 너
한잔할래 허공에 잔 부딪치는 소리
들려
마음을 보여주겠다고 환하게 웃으며
내놓았던 꽃다발
(삭제)

하현달처럼 기울어가는 너
꽃잎 시들다가 떨어지고 있는데

기다리는 것도 한자리
술잔을 채우는 것은
찌르레기 울음소리로 남고
(삭제)

기억 속에 있는 너
술잔 속에 비친 나를 건져 올려 보아도
잊지 못하겠지 너를
(삭제)

지워도 지워도 다시 그 자리

거울의 뒷면

식상한 얼굴이 지루했어
나를 찾아보라고 말해 주었지

뒷면엔 수은이 줄줄 흘러
당신이 정면만 보는 사이
나는 녹고 있어

빛나는 생을 꿈꾼 건 아니었지만
눈을 감고도 너를 닮을 수 있는 감촉에
나는 녹고 있어

회색 수은을 뒤집어쓴 뒷면

나를 볼 수 없다는 것이 답답했지만
진짜 나를 만나기 위한 투쟁이야

나는 여러 개야 아니야 하나야
거울마다 내가 있어 아니 가짜야

거울 뒷면으로 가봐
진짜 네가 보여

우리는 날마다 깨지고 있어

아무 일도 일어나지 않는 오후

계단은 숨겨진다 더 높은 세계를 위해 제 역할을 잊은 지 오래되었다 날고 싶다 가끔 천장이 현기증을 일으키고 바닥이 튀어오른다

오래전 엘리베이터로 밀려난 계단은 비상구로 통하는데 자신을 통과하는 사람을 기다리고 있다 누군가 다급하게 달려오거나 느리게 지나는 여유를 만난다

어두워지기 전이다 헤어지는 연인들의 다툼도 지켜보며 감정과 상관없이 꼼짝 못하고 서 있다

계단은 늘 오르려 한다 수직의 길은 앉아 있어도 서 있어도 갈 곳이 없다 그냥 놓여 있다 계단은 궁금하다 내 안의 일이거나 바깥의 일이거나 들릴 듯 말 듯 소리로만 느끼고 있다 꼭 있어야 하는데 쓸모는 별로 없다

아무 일도 일어나지 않으면 아무 의미도 없는 것이다

아직 살아야겠으니

 걸어 보기로 했다. 어두운 길이 엉켜 있다. 겹쳐져 알 수가 없다. 편백나무 숲에서 50cc 스쿠터를 타고 지나쳤던 남자가 신호등에 걸려 서 있다. 걸음을 멈춘 게 이쯤이라고 생각한다. 후회만 남기는 게 결혼뿐일까. 그네에서 수없이 떨어지는 꿈을 꾼 적 있다.

 부엉이를 싣고 치악재를 넘던 새벽 자주 비가 내렸다. 자동차 바퀴들은 나무들을 당기며 굴러가고 있다. 잠을 쫓아내려고 라디오 볼륨을 키운다. 길 끝에 서서 날이 새지 않는다고 중얼거린다.

 여전히 바람이 불고 새 한 마리 날려 보내려고 애만 쓰다 그만 돌아선다. 살았다는 느낌을 통증으로 확인한다. 몇 알의 진통제를 삼킨다. 죽음까진 갈 길이 멀다. 아직 살아야겠다.

그 女子의 집

女子는 날마다 새롭게 태어난다고 말한다
딱히 새로울 것도 없는 얼굴로

엉덩이를 맡긴 의자가
푹, 꺼져가는 줄도 모르고
검은 바퀴벌레 날개가
하늘을 가리는 줄도 모르고

그 옛날
박하사탕이 담긴
누런 종이봉투 같은 얼굴로

나만 보면
죽은 사람 같은 얼굴로 묻는다
묻는 것에 이골이 난 사람처럼 묻고
또 묻는다

집이 무덤 같지?

점점 굽어져 가는 등허리가 무덤처럼
변해가는 女子

날마다 무덤에서
사는 女子

소문

나를 모르는 당신은
내가 알고 있는 카페에서 카프치노를 주문한다
어느새 진동벨이 울린다

우유 거품의 하트를 지운다

내가 아는 당신은
내가 모르는 철학도서관에서 백석 시집을 뒤적인다
빗물처럼 흐르는 사내

얄궂은 눈동자를 감춘다

자주 나타났다 사라지는
다가서면 달아나고 돌아서면 부르는
안개

소문 들었지

안개를 움켜잡아 보기로 했어
미로 같지만 끝까지 가봐야겠어

날마다 태어났다 사라지는 말들

유령처럼 헷갈리는 사내가
머스크 향을 풍기며 지나간다

아무도 그녀를 열지 않는다

문도 벽이 된 지 오래다 벽에는 흐린 하늘과 얕은 연못과 새끼 물고기가 있고 지금은 안개비가 내리고 있다

벽에 걸린 액자 속에는 죽은 남편과 젊은 그녀와 어린 자식들이 살고 있다

그녀에겐 18평 아파트가 세계의 전부다 시든 군자란 꽃을 보며 늙었다고 중얼거리다가 말라죽은 관음죽 잎사귀를 잡아 뜯고 있다

식탁 밑으로 알약이 굴러간다 몸을 구부리다가 화를 낸다 날마다 기다리는 초인종은 울리지 않는다 벽을 열면 또 다른 벽이 문이 되어 기다린다 벽은 열리지 않는다

살바도르 달리의 시계가 그녀 곁에 누워 있다 시계는 닫혀 있다 그녀는 닫혀 있다 아무도 그녀를 열지 않는다

세 번째 출구에서 우리는

어느 방향으로 몸을 돌리든
우리는 바뀔 것이다

세상을 바꾸기 위해
목적지를 정한 것도 아닌데

세 번째 출구는
왜 세 번째 출구에만 있나

나는 보이는데
너는 보이지 않는다고
처음 보는 사람처럼 기다린다

같은 방향을 가면서도
서로 꿈이 다르듯

세 번째 출구에서 우리는
모르는 사람처럼 만날 것이다

검은 민들레

너를 잃는다는 것이 두려워

그 공원에 토끼풀 번지네
지층으로 내려가는 천사
그 대문에 새기는 까치 발자국

보석은 흙 속에서 파낸 거지
노란 민들레는 검은 비석이 되었지

그 공원에 토끼풀 번지네
토끼 같다고 놀려댈 때마다 싫지는 않았지

또 너를 잃는다는 것이 두려워

먼 벤치 끝에 앉아
하얀 천사와는 상관없는 표정으로
빈 하늘을 걸어가네

너무 물들어
온몸이 짓물러버린 단풍나무는
나와 상관없는 풍경

그런데 왜 내 입술이 붉게 타오르는 걸까

떠날 준비

한 뼘의 몸을 바꾸는 그림자들이
문을 열어둔 채로 웅크리고 앉아 있다

떠날 준비가 완벽하다

그림자에 기대어 산 지 수십 년
잘 가라고 속삭이는 혼잣말
보내는 일이 익숙하다

화분을 들였다가 내어놓는 것조차
날씨의 눈치를 살핀다

창가에 비스듬히 기대어 서서
풍경의 밖을 본다
무성해지는 것과 앙상해지는 것이
함께 섞여 있다

의자와 바닥을 구분하지 않고

뒹굴고 싶은 곳

이 모든 것은
깊은 그늘을 찾아 나선 중얼거림
기온이 떨어진다

우리의 관계

책을 읽다가 잠이 든다

행성 사이에서 잠이 들었는지
별이 쏟아진다

한 줄로 요약할 수 없는 별의 생애들이
마침표도 없이 쏟아진다

단어와 문장을 건너 당신을 만난다

당신은
갈등을 이해하지 못한 채로
책장을 덮는다
나를 덮는다

화려한 표지만 남고
우리의 관계는
타버린 별의 생애처럼

책 속에 묻힌다

이미 정해져 있는 결론을 향해

전봇대

나는 전봇대 집에서 자랐습니다

자두나무보다 더 큰 전봇대는
대문 밖에 서 있었습니다

전봇대는
호수 건너편까지 줄을 늘이고
도시의 골목을 꿈꾸었을지 모릅니다

나는 조금씩 자라는 키를
전봇대에 새겼습니다

전봇대와
전봇대 사이에

나의 어린 시절이 있었습니다

그곳엔 푸른 하늘이 있고

미루나무와 교회 종탑 사이를 날아가는
큰 새가 있었습니다

그린 아파트

구십 년을 지겹도록 산 할머니가
방안에 앉아 나무만 보인다며
자신을 산송장이라 말한다
팔십에 찍었다는 영정사진을 보고
아직도 자기가 살아 있느냐고
묻는다

살아 있는 석고상을 본다

제2부

달력은 간다

 달력은 간다. 반 뼘만큼 한 뼘만큼씩 간다. 검은색 옷을 입고 간다. 파란색 옷을 입고 간다. 빨간색 옷을 입고 간다. 달력이 달력에 묶여 간다. 발바닥이 닳도록 간다. 유령을 달고 간다.

 납작한 몸뚱어리로 달력은 간다. 넘겨지고 접히고 찢기며 달력은 간다. 속박에서 속박으로 간다. 독거에서 독거로 간다. 달팽이만큼씩 간다. 시드는 꽃잎만큼 간다. 쉬어 갈 자리는 없다. 가야 한다, 징검다리 건너듯 성큼성큼 간다. 바람을 제치고 구름을 뚫고 간다. 세상이 구겨지고 있는데

 달력은 간다. 세상이 구겨져도 간다. 끊이지 않는 강물처럼 간다. 유령 손을 잡고 간다. 이사를 가도 달력은 간다. 모른 척해도 간다. 달력이 가는 곳을 아무도 모른다. 거처는 있으나 누구도 거처에서 달력을 본 이는 없다. 달력의 연대기를 본 이는 아무도 없다.

무례한 생각

벌개미취, 구절초, 쑥부쟁이 팻말에 이름을 달고 들국화 나란히 피어 있는 공원을 지나고 있다. 이들을 한자리에서 만나는 것은 처음이다. 이들은 버들가지가 휘늘어지는 그늘 아래에, 지나던 강아지가 오줌을 지리고 지나는 공원의 귀퉁이에 피어 있다. 소슬바람에 몸을 맡겨 유연하게 휘어지는 자태가 여유롭다. 거칠게 말라가는 꽃잎 위에 가랑비가 내리는 아침이다. 나무 테이블 위에 가을을 장식한 꽃꽂이처럼 놓여 있다. 연보라색, 흰색, 노랑 환하게 웃는 얼굴로 한자리에 모였다. 서로를 부둥켜안으며 반기는 기색이 역력하다. 나는 그들에게 빨려 들어갈 것처럼 한참을 서 있다. 미술관에서 화폭을 감상하듯 사람들의 민낯이 연보랏빛으로 물든다. 곁눈질로 꽃 속을 탐닉하다 쑥 향기에 취한다. 날파리가 눈 속으로 달려드는 것을 탁 쳐냈는데 눈이 따갑다. 손사래 치던 손등에 작은 날개 같은 것이 뭉개졌다. 구름을 닮은 개 한 마리가 지나간다. 벌개미취, 구절초, 쑥부쟁이 이들을 마중 나왔다고 생각한다. 반갑다. 사랑스러운 것을 사랑하는 일이란 힘든 일이 아니다. 이들은 잠시 왔다가 다시 돌아갈 것이다. 사랑이 두려운 것은 이 원리 때문이다. 나는 잘 운다. 한 편의 드라마를 보면서도 뉴스를 보면서도 책을 읽을 때도 잘 우는 편이다. 울지 않으려고 노력하지만 어쩔 수가 없다. 그러나 꽃을 바라볼 때는 잘 웃는다. 저들을 시로 옮길 수는 없을까 하는 생각, 고질병이다. 너무 단순하여 그만두기로 마음먹지만 나는 결국 그 자리를 떠나지 못한다.

모노드라마

전화가 걸려와요.

선인장 가시에 찔린 듯 당신의 전화를 받아요. 따끔거리는 모래들 사이로 뜨거운 입술은 차갑게 갈라져요. 혀끝에 씹히는 모래 먼지가 시야를 가렸지만 사막여우는 지하에서 물을 퍼 올리고 있어요. 잘 보이지 않아요. 틈을 비집고 들어온 전갈은 가벼워요. 귓속을 맴도는 전갈이 머리까지 번졌지만 상관없어요. 오래된 얘기니까요.

사막은 통화 중이에요.

밤새도록 사막여우에게 쫓겼어요. 귀가 늘어진 여우는 잔소리를 늘어놓다가 백발이 되었어요. 잔소리는 질색이에요. 잔소리를 가지런히 묶어 모래 언덕을 쌓았지만 자꾸 무너져요. 바위뱀처럼 완벽하게 숨어버릴 수 없을까요. 끝이 보이지 않아요. 개코원숭이 손가락질하며 참견을 하네요. 바람은 모래를 실어 나르지만 사실은 모래가 바람을 이용하는 거예요.

그러다 갑자기 전화가 끊겨요.
별일 아닌 별일처럼

나의 비니

너는 길 건너 카페에서 커피를 주문한다

에스프레소 한 잔 주세요

너는 집 앞에 있는 도서관에서
「집의 시대」와 「도시 주거 형성의 역사」를 뒤적이다
햇살을 쬐고 있다

유라시아 대륙을 건너 사라졌다 나타나는
에스프레소
익스프레스

끝없이 달아나는 너를 따라갈 수 없어
차라리 관심을 버린다

갑자기 우유가 먹고 싶어진다

모래와 나방

 바람이 다 불기 전에, 안개가 다 걷히기 전에, 나무가 꽃을 다 게워내기 전에 머리카락을 묶는다. 북쪽으로 쏠리던 모래 위로 검뿌연 먼지가 쌓인다. 누군가 쌓아놓은 모래성이 허물어지고 있다. 모래가 바람을 따라다닌다. 모래는 빛을 찾아 날아든 나방을 가둔다. 나방은 거미줄에 걸려 파닥거리고 있다. 버스가 서지 않고 그냥 지나간다. 담뱃가게의 불빛이 유난히 붉다. 나방의 날갯죽지에서 이빨들이 돋아난다. 모래들이 나뒹굴고 있다. 잘려나간 꿈이 사막으로 달아난다. 한 덩이로 묶인 달리아가 쓰러진다. 바람을 놓친 나방이 다시 모래집을 짓는다. 바람을 숨긴 구름들이 수군거린다. 모래가 바람을, 바람이 모래를 묶느라 나방은 삼거리를 빠져나오지 못하고 있다.

차갑지 않다

나를 공기 같다고 말한 적이 있다

새벽녘 잠에서 깨어
창문 열어 나비 떼 같은 눈발을
손으로 잡아보는데 잡자마자 사라진다
아무것도 느껴지지 않는다

허공에 '나비'라고 글씨를 쓴다
궁서체면 어떻고 고딕체면 어때,
나비는 금방 녹아 없어질 테고
나는 무거운 마음으로
'눈발'이라고 이내 고쳐 쓴다

손바닥으로 지우는 시늉도 빠뜨리지 않는데
차갑지 않다

보이지 않는 것들이
보이는 것보다 무섭다는 생각

흩날리는 글씨들이 날개를 달고
내 숨결 속으로 들어온다

말문에 갇힌 문장이 또 한 줄 늘었다

모래의 날들

옷을 벗을 때마다 모래가 떨어진다
불을 켜 둔 채
자장가를 밖으로 내보내는 밤

잠은 졸음의 형식으로 앉아 있고
젖물 같은 뿌연 문장들
아기의 얼굴에 번지고 있다

모래를 주워 밖으로 내던지며 한때 나는
잃어버린 시간을 찾아 헤맨 적 있다

손가락으로 허공에 적어 놓던 시구와
모래로 시작되는 수천 개의 소란과
물속의 사막*에서 아팠던 날들

조금씩 허물어지며
모래의 날들을 살아냈는데
아직도 쏟아지는 잠을 꺼내 읽으며

모래의 문장을 쓰고 있다

모래는 너무 이성적이다

---
*기형도의 시.

밥이 되는 동안

증기기관차가 오랫동안 정차해 있어요
꼬리에 꼬리를 무는 밥알이 끓고 있어요
증기를 내뿜는 시간은 제자리를 뛰며
시곗바늘처럼 갇혀 있어요

차창엔 빨간불이 달려 있어요
젊은 엄마가 한쪽 젖을 꺼내 아기에게 먹이고 있어요
플루트 부는 아기의 입술이 배꼽 같아요

도돌이표를 단 밥알들이 펄펄 끓고 있어요
객실마다 노을을 덧칠해요
커다란 입을 향해 기차가 달려가요
그 속에서 간신히 꼬리를 잡아요

멈춰선 바퀴는 아직 뜨겁고
뜨거운 바퀴는 다시
달릴 준비를 해요

뱀꿈

언제 푸른 초원이 생겨났을까
붉고 노란 꽃들이 바람에 흔들리네
흔들리는 숲길을 걷다가
뱀을 보고 도망쳤네

내가 사는 오두막까지 따라온 뱀이
발가락을 물었네
너는 그렇게 내게 오는 신호를 보냈네
뱀은 아직 웅크린 채 있는데

너무 먼 곳에 있기에
네 꿈을 꾸네

구부러진 길을 빠져나와도
구부러진 골목에 뱀이 있네

안개주의보

(엄마는 신적인 시뮬라크룸)

그들은 오래 떠났다가 잠시 돌아온다. 접히지 않는 날개를 현관에 걸쳐두고 잠시 쉬어 가겠다는 예정의 시간을 살피고 있다. 그때부터 쏜살같이 달아나는 날짜들이 안개 속을 헤집고 다니며 밥상을 지운다. 그들은 내 안에서 생겨나서 어디로 향하는 것일까. 안개 속에서 숨겨진 햇빛이 몰려오는 것을 본다.

(엄마에 갇히는 줄도 몰랐어)

그들은 안개로 지어진 집처럼 모였다가 흩어진다. 일렁이는 창밖으로 화살나무 좁쌀 같은 꽃이 얕은 바람에 쏟아진다. 언제나 안개주의보를 큰 가방에 담아 돌돌 잘도 굴러간다. 그리고 난 그들의 시간을 알지 못한다. 실물보다는 사진으로 만나는 일이 익숙하고 기계 속에서 들려오는 목소리가 실재다.

(엄마는 중고 마네킹)

더욱 짙은 안개에 파묻힌 공항은 제대로 본 적이 없다. 희미한 기억을 따라 늘 놓치고 말던 작은 고래들, 바다를 품고 하늘로 날아오른다. 겹겹의 안개에 휩싸여 축축하게 젖은 영혼 하나 휘청거리며 겨우 공항을 빠져나온다.

(엄마도 간다)

프로필 사진들

잠시 환한 어항 속에서 사는 물고기 이야기를 하려고 합니다. 물고기들은 저마다 우아하고 도도하게 헤엄치고 있지요. 가끔 꼬리를 날카롭게 흔드는 것은 우회적으로 표현하려는 사랑 넘치는 제스처지요. 어항 속엔 푸른 물결이 있고 하얀 절벽이 있고 끝없이 자라는 수초가 있지요. 때론 물결에 걸터앉아 얼굴을 비비고 새끼들을 줄 세우기도 하지요. 그리고 물을 갈라 진귀한 치장을 하지요. 살랑대는 물결 위에서 멋진 포즈를 잡기도 하고요. 물고기는 관심을 끌기 위해 깨지지 말아야 하지요. 최대한 멋진 수영 솜씨를 보여줘야 하지요. 죽어서는 안 돼요. 물고기들은 바다로 나아가는 길을 낼 수는 있어도 강물로 돌아와선 안 되지요. 여기까지 헤엄쳐 왔지요. 오늘도 이끼 낀 유리벽을 닦을 사진을 찾고 있어요.

지구 계약서

지구는 종잇장 위를 날아다니지
주인을 가볍게 섬기며
도로에 배를 내밀어야 해
1.82×1.82=3.324제곱미터쯤

내 몸값은 얼마나 될까
나를 마구 나눌 수도 있을까
땅따먹기처럼 금을 그으면서 말이야

그것은
내가 즐길 수 없는 놀이겠구나

아이들은 흙장난을 하다가
공이 굴러가는 곳을 따라가지
지구야, 어디 가?
벌써 다 팔아먹었니?

모델하우스

 천년을 견디는 벽을 말하기보다는 뜯겨 나가는 벽에 대해 말하고 싶다. 자본의 가치를 생생하게 물어뜯고 장렬히 엎드려 있는 벽이 있다. 미학의 절정을 살다 간 꽃들의 생애보다 빛나는 그 벽 말이다. 사람들은 그 벽에 취하여 겁 없이 수억만의 금액을 계약하고 깊은 벽 속으로 걸어 들어가려 한다. 집은 벽이 모이면서 형태를 나타냈고 그 안에 갇힐 꿈을 설계하는 사람들은 박수를 친다.

 벽에 부딪힐 때마다 문도 잠겨 있었고 나는 손잡이에 남아 있던 온기로 산다. 열쇠 구멍으로 간신히 볼 수 있었던 밝은 햇살이 넘실거린다. 무엇 하나 밀고 나갈 틈도 없이 얼굴은 굳어가는 벽이 되어가고 있다. 벽 속에 갇혀 산 지 어느덧 33년째다. 설령 저 마케팅적인 장식이 유혹적이라 해도 곧 철거될 집이 희망이다. 콘크리트 벽을 말하지 않으려 모델하우스를 선택한 것은 잘한 일이다. 나무 벽을 말하려는 것이다. 나는 쉬이 허물어지는 벽과 얘기하고 싶은 것이다. 허물어지는 벽을 따라가면 자작나무 숲으로 가는 문이 열릴 것이다.

가짜 침대가 빠져나가자 진짜 변기는 깨졌다. 유리창은 뽑히고 현관문은 떨어져 나갔다. 타일은 더 잘게 깨져야 한다. 나의 장식은 끝났다. 하이힐 한 짝이 나뒹구는 옛 터전엔 유리조각 반짝인다. 뜯긴 벽들은 연기를 타고 사라진다.

집으로

집이라는 무거운 단어를 옮길 때마다
긴 사다리를 걸친 난간대에서
버려질 것들의 목록이 헤맨다
나는 서성인다

집이라는 단어를 머리에서 꺼내
소리 내어 읽는다
집이 없는 들판
부엌이 없는 집

돌아갈 집이 없는 사람들이 사는 나라
비둘기 떼 날아와 집을 쪼아 먹는다
너덜너덜 낡은 집의 창을 때리는
빗줄기 거세다

집이라는 무게를 견디지 못해
나무는 푸르게 장식된다

제3부

내 마음속 빈집

거침없이 퍼붓는 장대비였다가
겉만 잔뜩 부풀어 오른 공갈빵이었다가
뒷방 늙은이의 푸념이었다가
잠만 자는 능구렁이였다가
눈물로 불러야만 대답하는 청개구리였다가
대청마루의 깨진 오강단지였다가
십자수에 갇힌 얌전한 호랑이였다가
빠져들고 싶을 만큼 깊은 우물이었다가
꽃물 한번 들이지 못하고 져버린 봉숭아였다가
모가지만 남은 달리아였다가
뒤란에서 누군가 자꾸 불러내는 유혹이었다가
끝내 손 한번 잡아보지 못한 회한이었다가
툭, 떨어져 버린 꽃송이였다가

보라의 둘레

그늘이 생겼다
연녹색의 그림자를 밟으며
둘레길로 빨려 들어간다
라일락 향기 바람 따라 휘감아 돌고
제비꽃은 비탈마다 보라로 물들이고
각시붓꽃도 보라를 덧칠하고 있다
저만큼의 보랏빛을 품느라고
겨울을 나는 동안
둘레는 이만큼 커졌나 보다
한참을 더 들어서자
한 마리 붉은머리오목눈이가
벌레를 입에 물고 풀숲을 파고들고
노부부는 그루터기에 앉아
빗금으로 내리쬐는 햇빛을 만지작거린다
왔던 길을 다시 걸으며 둘레가 되고
녹음 속에서 피어나는 키 작은 꽃들
향기로 변하여 돌고 돌아가는 길
보라색 꽃잎들 테두리를 만드는데

나는 산허리를 다 돌아 나왔으나
집을 찾지 못하고 있다

강물 전시관

언제부터 강물이 집이었을까

흐르지 못하고 닫힌 하늘이 캄캄하게 내려앉을 때 상류에서 흘러온 검불 더미처럼 쌓이고 막혀

파문 속으로 마음을 모으며 저도 모르게 흐르는 그림을 걸어 놓았는데 한 점 한 점 오래 머물러 바닥에 닿지도 못하고

오리 한 마리 물끄러미 이쪽을 바라보는데 나리꽃 비를 맞고 흔들리네 물 위에 비친 나는 출렁이며 어제의 그쪽을 바라보네

단풍

자신을 잃어버린 줄도 모르고
살아 있을 때가 있다

천일을 꼬박 뜬눈으로 앓던
아픈 시절을 손바닥으로 가려 본다

손가락 사이로 흘러내리는 눈물
젖은 발목으로 서 있다

붉은 잎들이 떨어질 때마다
등허리에선 뿔이 자란다

세상 밖으로 내밀던 얼굴이
붉게 물든다

나비의 춤

날개가 돋는 줄도 모르고
아픔을 잊은 손톱들이
벽을 뜯고 있다

선 채로 쏟아지는 잠을 이고
아기들은 자꾸 울고
울음소리는 모래에 섞여 희미해진다

시린 눈동자는
돌아갈 곳이 없다

어디든 이곳이 아닌 곳
잠 속에서 푸른 강물이 넘실대고
날개 없이도 팔랑거릴 수 있다고
중얼거리고 있다

아무 일도 일어나지 않았다
정말 아무 일도 없었다

수천의 날개가 파닥이며
분가루를 날리며
나를 맴돌고 있다

능소화 기다리는 남자

자신을 좁고 황폐한 내부 속에 감춘 남자
나무를 부둥켜안고 서 있다

여름 저녁을 기다림으로 채운
새들이 쉬고 있다

덩굴마다 잎새 무성해지면서
날뛰는 푸른 어깨를 허공에 달고
남자는 서서히 나무가 되어간다

좁고 황폐한 내부 속에서 튕겨 나온
최초의 거울 속에서
최초의 자신을 비춰보고 있다

자연의 일부에 끼어들면서
이젠 꽃을 기다리고 있다

남자의 몸을 뚫고 피어나는 것이

어디 꽃뿐이랴
새 한 마리 날아와 곁에 앉는다

다육이

 그녀의 집은 주로 원형으로 지어지고, 가끔 사각형 집에서 살기도 한다. 그녀는 모서리에 꼼짝없이 끼어 있다가 담장 밖으로 튀어나온다. 때로 창틀에 앉아 바람을 쐬기도 하는데 가시는 서로의 가시들을 쓸어안고 산다.

 3층 아란다가 죽어가고 있다. 문을 두드려 본다. 아래층 부부가 이사를 간 것 같다. 배수관에서 물 떨어지는 소리 들리는데, 물을 구하지 못한 아란다가 죽었다. 과학수사대원들이 들락거린다. 다육이 바람에 흔들리고 싶다. 옆구리로 지나는 바람을 움켜잡는다.

 갇혀 산 지 벌써 88년째야. 이젠 벽이 차갑지 않다. 지나가는 사람들 소리를 듣고 있다. 오래 살아 주름질수록 이상한 사랑을 받고 있다. 햇빛이 꿈틀꿈틀 지나는 얼굴부터 살은 오른다. 거추장스러운 살들.

 줄기는 땅을 향해 기어간다. 제 몸을 잊은 기억이 한 귀퉁이씩 떨어져 나가고 있다. 작아지는 심장을 훔쳐 달아나는 젊은 남자가 그녀를 놓친다. 상처 난 몸이 나뒹군 지 수천 일, 그녀는 달팽이처럼 기어가고 있다. 하늘이 그녀 안에 있다.

꽃비 속에 우두커니

저렇게 분분했기에 자주 슬퍼지는 것인가

생기 있는 얼굴로

가지 휘어지도록 환하게 불을 켜 놓은

꽃송이들의 이야기는 끝나지 않을 것만 같다

지워지는 네 얼굴을 기억하며

떠나기 위해 머물렀던

꽃비 속에 우두커니 서 있다

또아리굴*

  기차는 하늘로 간다 꼬리에 꼬리를 물고 창마다 별을 수북이 달고 수백 년을 하늘로 달려간다 하늘은 꼼짝도 않는 종착역 기차는 추락하기 위해 오르고 있다 슬슬 내 속으로 밀려드는 기차는 너무 높이 오른 것일까 순간 기차는 사라진다 숨바꼭질하는 환상열차가 된다 열차는 시간을 재는 초침처럼 정확하다 나를 돌돌 말아 똬리를 틀고 있는 터널 그렇게 기차는 우로보로스가 된다 한동안 제 꼬리를 먹고 사는 저 원형의 터널 속에서 산 적이 있다 가파른 높이를 단번에 오르지 못하여 기차는 하늘을 향해 달려간다 그 속에서 잠자는 부엉이가 있다 깜깜한 밤이다 검은 나무들을 지우고 기차는 하늘로 간다

---

*원주시 판부면 금대리 소재. 옛 중앙선 루프식 터널이다.

모래 여관

모래를 쌓을 수 있다고 믿었던 시절이 있었다

나는 작은 집을 가졌고
길은 여러 갈래로 늘어났다
거친 모래는 내가 온 줄을 몰랐다
바람이거나 구름이 되고 싶지 않았다

땅이 꺼졌다
이제 모래에서 모래의 먼지가 사라지고
구부러진 손가락
마디마디 돌멩이가 자란다

가장 우울한 시절에도 당신 곁은 부당했다
철창은 녹슬었고 개의 눈빛은 탈출을 요구한다
오토바이를 타고 온 사람들이 강 건너 국도를 따라
개를 싣고 갔다

아무것도 볼 수 없었으면 좋겠다고

뒤에서 두 손으로 내 눈을 가리는 아이
어서 이곳을 벗어나자고 손을 잡아당긴다

모래바람 휘돌아가는 저녁 무렵 나는
한 줌의 모래처럼 가라앉는다

맨드라미

1. 된장국

밭둑에 붉은 꽃이 피었다
북슬북슬 볏을 달고
된장만 풀어 간만 맞추던 시절
맨드라미 잎새 넣어
꽃국을 끓이던 저녁
된장국은 꽃향기 번지며
밥상에서 피어났다

2. 북쪽

노을이 인천 공항을 빠져나간다
지팡이가 구순의 엄마를 붙잡고 서 있다
안개가 북쪽에 몰려 있다
날아가는 허공에 새겨놓은
유난히 붉은 저 꽃
또 한 장의 꽃잎을 넘기고 있다

문득,

늙어가는 것이 노란색인지
오늘 알았다

은행잎 하나 떨어질 때마다
을순할매는 도토리를 줍겠다고 떠났고

은행 한 알 으깨질 때마다
갓난할매는 단풍을 찾아 떠났고

안개구름 피어날 때마다
성순할매는 노랑회장저고리를 입고
사진으로 앉아 있다

치마 끝에 열매로 매달려
방울 소리가 난다

무료 사진 촬영권

 한 지역의 새마을금고에서 무료 영정사진 촬영 티켓을 발송했습니다. 장수 노인을 위한 프로젝트였습니다. 노인들은 티켓을 받고 반기는 기색이 역력했습니다. 준비해야 할 일이었는데 여러 가지 이유로 미루었다고 했습니다. 비용이 발생하고 거동이 불편하여 늙은 모습으로 사진 찍기가 싫었다고 했습니다. 무엇보다 죽음을 준비하는 것이 내키지 않아서 영정사진을 장만하지 못했다고 했습니다. 노인들은 한복을 입을까 양장을 입을까 오전 내내 씻고 화장하고 머리를 풍성하게 매만집니다. 자신의 마지막 모습을 꾸미며 분주하기 짝이 없습니다. 그리고 사진관 복도까지 줄을 서 기다립니다. 하나같이 구부정하고 지팡이를 짚고 실버카를 붙잡고 잔바람에도 넘어질 것 같은 모습입니다.

 사진관 안에서는 실랑이가 벌어지고 있습니다. 무료라고 하여 왔는데 왜 돈을 내는지 따지고 있습니다. 사진 사이즈가 20cm*25cm는 무료이고 28cm*36cm는 추가로 오만 원을 더 내야 한다고 홍정을 하고 있습니다. 두 견본품을 나란히 놓고 노인들은 고민에 빠진 모습으로 자꾸 거울 속의 자신을 살피고 있습니다. 내가 죽고 없을 적에 저 사진이 평생의 나로 보일 텐데 자식들 손님에게 내가 초라해 보이면 안 되겠지 망설임 끝에 구겨진 오만 원을 건네고 잘 찍어 달라고 부탁합니다. 끝까지 돈과 겨룬 날들로 기록될 일입니다.

다시 옷매무새를 살피고 여러 표정을 지어보고 촬영실로 들어가 앉습니다. 근엄한 표정이 좋은가요. 웃는 표정이 좋은가요. 사진사는 웃으라고 권합니다. 이다음에 자손들이 환하게 웃는 얼굴 보는 것이 좋다며 살짝 옆모습으로 찍겠다고 손을 치켜듭니다. 하나, 둘, 셋 찰칵…… 다시 한 번 찍겠습니다. 다시 한 번 찍겠습니다.

몽골 초원에서

별은 별이라는 이름에 부딪혀 평생 떠도는 하늘을 갖는다. 누런 풀들이 쓰러지는 허허벌판 벌판은 벌판이라는 이름을 갖기 위해 수많은 길을 만든다.

아득하다.

지평선은 지평선을 이끌고 끝이 보이지 않는 곳에서 무너지고 있다. 무너지는 것들이 벌판이 되는 것을 보고 있다. 지평선은 하늘을 이고 서 있다.

지평선마다 벌판은 끝없이 이어지는데 가축들 제 그림자를 이끌고 집으로 돌아가고 있다. 멀리 서쪽 바위산이 구름에 휘감기고 있다.

초원이 사라지는 찬 하늘가에 별들이 반짝인다.

제4부

산세비에리아

꽃필 때쯤이 3월이라고 우기는 그녀
자는 듯이 가고 싶다고 말한다
여든에 찍었다는 미소는
십 년째 변함이 없는데
그녀는 사진을 다시 찍어야 한다고
중얼거린다

지난가을 내다 버린 산세비에리아
노후를 걱정하며
솜이불을 머리끝까지 덮는다

선인장 꽃

가시로 지어진 집이 있었지
그 집 속에는 가시가 가시인 줄도 모르고
돋아나고

한 번도 주인이 되지 못하고
손님으로 남겨질지도 몰라
가까이 가면 찔릴 테니까

그러면서 내 몸에도 가시가 돋게 되었어
가시 돋친 혀들이
내게서 물러나라고 소리 지르곤 했지

그 말들은 다시 가시가 되어
내 눈과 귀와 심장에 박히곤 했지

가시 울타리로 둘러싸인 그 집에서 노인은
가시투성인 나에게
네 잘못은 없다고 말하긴 했지

그 집에서 나는 가시를 가꾸며
더 이상 아프지 않을 꽃을 피웠지

가시가 가시를 보듬을 때여야만
가시에게도 씨앗이 맺힌다는 걸
그때 알았지

일기예보에 진눈깨비는 없다

반짝이는 모래를 가진 사막으로 가요
낙타를 타고 터벅터벅

새끼를 안고 벼랑에서
사막의 꽃들을 찾아내요
낙타가 뿌리 속으로 빨려 들어가요

새로운 법을 배워
삼십 년 동안
모래를 씻어내고 있어요

다 쓸어낸 줄 알았는데
모래는 자꾸 높게 쌓여만 가요

치켜뜨고 지켜보는 눈이 있고
금이 간 술잔으로 축배를 드는
눈들이 있어요

부엌을 닦아야 해요
사막을 닦아야 해요

타종

 내 속을 다 파내어 달아날 기세로 두드리고 있다. 단단한 돌덩이를 파고드는 석공의 손놀림처럼, 몸뚱이 없이 이빨만 생겨난 짐승처럼 물어뜯는다. 시도 때도 없이 내 몸을 치는 아픔을 고스란히 앓고 있다. 다발성 통증, 시클펜정 10mg 가벨린정 50mg 아침 저녁 복용. 염산아미트리프틸린정 10mg 자기 전 복용. 약들은 다시 내 몸을 치고 시치미를 떼고 있다. 변덕스러운 마술 커튼을 치고 내 어깨를 탁탁 친다. 그대는 오늘도 푹 꺼진 가슴을 두드린다. 어디를 치고 올지 모르는 동선을 알 길이 없다. 종을 치면 함부르크로 날아간 파랑새가 돌아올까. 유라시아 대륙을 건너 제 집을 짓겠다고 떠난 아들이 돌아올까. 낡은 종처럼 울먹이는 소리를 내며 밥상을 차린다. 밥 냄새를 킁킁거리며 맡고 있는 백합이 물을 올리고 있다. 매정한 자식, 살얼음 덮인 강물 위로 눈발은 내려앉는다. 엄마는 포인세티아 화분을 사들이며 크리스마스를 장식한다. 마음을 태우는 중이다. 불붙은 잎이 붉다. 알 수 없는 통증으로 아들을 기다린다.

포스트잇

담쟁이 같기도 해
벽을 타오르는 줄기마다
달라붙는 방이 있었지

때로는 집이 되었고
집을 잃기도 했지

갈수록 많은 이파리를 매달고
번지는 속삭임은
바람에도 떨어지지 않고
절벽까지 기어갔지

하늘에 닿기도 전에
떨어지는 누군가의 말은
속울음 같은 공명이었지

알프스의 쪽배

알프스가 보이는 그 방은
바람을 고스란히 맞고 있다
석양이 퍼붓는 저물녘
항해를 멈추지 못하는 그가 있다

밥물이 말라붙은 미니 전기밥솥이 있고
피나코텍 미니어처는 조금 더 모던해지고
사진 속 가족들이 그를 보고 웃고 있다
이 모든 걸 방이 지켜보고 있다

하얀 벽면을 평입단면도로 채우고
책상엔 알도로시의 『도시의 건축』 256페이지
바람이 불자 책갈피가 넘어간다

슈바빙의 거리에 눈이 내리는 저녁
그는 참치 캔과 김치, 식은밥을 차려놓고
친구 루카스와 전화를 하며
혼자 밥을 먹고

왜 여기까지 와 떠도는가를 생각한다

방향을 알 수 없는 풍랑이 일자
나침판을 잃어버렸고
알프스는 오래도록 쪽배를
바라보고 있다

처서
— 김영자 할머니께

바람이 간간이 불고 있다
분홍빛 블라우스를 터번처럼 쓰고
쏟아지는 봄꽃을 바라본다

빈 내장에서 쓴물이 올라온다고
찬물에 만 밥 한 숟가락도 못 삼키겠다고
몹쓸 짓을 한다고

창가에 핀 채송화를 보면 배가 부르다고

그렇게 여름이 다 지나갈 무렵
가늘디가는 혈관을 찾으며 지쳐버린 몸
큰 가방 속으로 멀어지던 그녀

긴 그림자만 남겨놓고 떠났다

출구에 대하여

코스모스가 흔들릴 때
갇히기 시작했어요

9월의 나를 잃어버리게 되었어요

가만히 벽을 잡고 짚어 보아요
노을이 드리워지는 곳을 향하면
거기 문이 열려 있어요

코스모스 씨를 더 많이 뿌렸어요

먼 곳에서 아이들이 흘러나와요
내가 엄마를 가뒀던 것처럼
아이들을 가둬요

빛이 쏟아지는 출구는
오늘도 어두워요

태풍이 지나갔다

나는 아무 말도 하지 않았다

위스키에 얼음을 넣어 홀짝거리는데
무언가 깨지고 부서지는 소리가 들렸다

닫을 수 없는 창문을 자꾸 닫으려는
시늉을 하며
거세지는 바람을 느끼고 있었다

윗집 개가 한 시간째 짖어대고 있었다
이해하면서 언제까지 살 수 있을까

나무들을 쓰러뜨리고
바윗돌을 굴려
너는
마침내 내 영혼까지
짓뭉개고 지나갔다

동쪽에서 서쪽까지 휩쓸려간 나날들을 세고 있다

이젠 너를
잊기로 한다

폭설

눈은 아직도 퍼붓고 있다
온 세상을 두텁게 파묻고 있다

비닐하우스가 꼼짝 못하고 주저앉고
눈 무게를 견디지 못한 나뭇가지 부러져 나간다

눈발 속으로 빨려 들어가는 풍경은
모든 경계를 지우고 하얀 구름처럼 떠 있다

눈길에서 죽은 얼룩무늬 고양이를
까마귀가 헤집고 있다
붉고, 희고, 검은색들이
한 폭 오려낸 풍경처럼 두드러진다

머뭇거리며 미끄러지는 자동차들이
끊임없이 밀려드는 오후
길은 지워진 지 오래다

그 길 위에 갇혀
헛바퀴만 돌고 있는
단막극 같은 오늘을 산다

한로(寒露)

독을 품은 길은 무덤 같다
바퀴는 연신 진물을 실어 나르고
엉겅퀴는 가시를 떨궈 의식을 치른다
아스팔트 틈새로 파고드는 살점이
꽃무늬를 새긴다

죽은 살모사가 꼬리를 떨고 있다
이틀 내내 비가 내린다
있는 힘껏 떠올랐다 가라앉는 허물들

나의 늦가을 오후다

소란

내 안의 모성이 두려운 한때
풍경처럼 흔들리는 마음으로
좁은 숲길로
미끄러지고 있다

요란스럽게 날아드는
두 마리 까마귀
깍깍깍 쏘아붙인다
이내 달려들어 서로를 물어뜯고
검은 깃털이 떨어진다

해 지는 쪽으로 날아가는 까마귀
비린 깃털을 주웠는데
손바닥에 전해지는 소란
따뜻하다

호랑거미

 우리 집은 망사로 지어졌다. 꼬리에서 명주실을 뽑아내어 지붕을 얹고 창문을 달았다. 우리 집은 환한 햇살 속에서 더 완벽하게 숨을 수 있다. 나는 허공에 입 맞추며 조용히 기다린다. 끊임없이 기다리기만 할 뿐이다.

 가장 위험한 허공이 나의 거처다. 망사 속에 갇혀 산 지 천 일이 넘어서고 있다. 지루한 시간이다. 허공은 아득하지만 새들이 우리 집을 물어갈 때가 있다. 소나기가 집을 헐어버릴 때가 있다. 나를 갈망하는 퇴치법들이 인터넷에 깔려 있다는 소문을 듣는다. 초조한 내 목숨을 지키려고 누군가의 목숨을 기다리고 있다.

 가을이 오고 있다. 한 치 앞도 알 수 없는 시간을 세면서 나는 허공에 매달려 있다. 오늘은 잠자리가 걸렸다. 숨이 끊어질 때까지 기다려야 한다. 섣불리 밥상을 차리는 것은 위험하다. 역공을 조심하는 것은 중요한 원칙이다. 자주 땅으로 곤두박질치며 호랑 무늬가 찢기는 꿈을 꾼다.

또 누군가를 잡아먹으려고
죽은 듯 나는 기다리고 있다.

오늘의 기도

당신의 기도가 물에 닿을 수 있을지
오직 손길만을 기다린다

머리통에 초록 잎사귀 돋아난 것이
빛을 사랑한 죄였다는 것을 알았지만
물은 여전히 지나고 있다

시루 속에서 물줄기 기다리는 콩나물
목구멍에 배어드는 푸른 핏줄
검은 보자기 뒤집어쓴 채
혓바닥으로 핥는 욕망

머리는 잘려나갔는데도
생각의 뿌리는 계속 자란다

해설

우리는 다시 만날 것이다, 처음인 것처럼

임지훈(문학평론가)

  E.T.A 호프만의 단편소설 「모래 사나이」(문학과지성사, 2020)는 몽상과 현실의 경계가 흐려진 한 사내의 이야기를 다룬 소설이다. 이 소설에서 주인공 나타나엘은 자신이 목격한 것이 몽상인지 현실인지 구분하지 못해 때때로 심각한 정신 발작에 시달린다. 가령, 아버지의 지인인 늙은 사나이를 괴담 속 모래 사나이로 착각한다거나, 그러한 착각이 정말인 것처럼 그 지인이 악몽과도 같이 자신의 현실에 침입해 온다던가, 혹은 자신이 사랑하는 여성이 자동인형인 것으로 밝혀짐에도 사랑하길 멈추지 않는다던가. 후기 낭만주의 시대를 대표하는 작품 가운데 하나로 손꼽히는 호프만의 「모래 사나이」는 이처럼 몽상인지 현실인지 구분할 수 없는 요소들로 인해 혼란스

러운 나타나엘의 삶을 특유의 낭만적인 문체를 통해 아름답고도 기괴하게 그려낸다.

그러나 내가 이 자리에서 호프만의 소설을 언급하는 것은 그 아름다움과 기괴함에 대해 말하기 위해서는 아니다. 내가 말하고 싶은 것은 이 아름답고 기괴한 요소의 반복성 그 자체에 대한 것이다. 소설에서 사건은 일회에 그치지 않는다. 사건은 외관만 조금 변했을 뿐, 그 실체를 동일하게 유지하면서 주인공 나타나엘의 삶에서 거듭 반복된다. 그런데 앞서 나타나엘이라는 화자가 몽상과 현실을 구분하지 못하는 혼란 속에 갇혀 있다는 사실을 상기해 보자. 과연 사건은 실제로 동일한 것인가, 아니면 몽상과 현실을 구분하지 못하는 혼란으로 인해 발생한 착란일 따름인가. 물론 정답은 알 수 없다. 호프만은 자신의 소설「모래 사나이」가 완벽한 인과를 가진 서사로 이해되기를 원하지 않았다. 그가 원했던 것은 사람들이 자신의 소설을 환상적이면서도 기이하고 아름다우면서도 기괴한 것으로 이해해 주는 것이었다. 그리하여 호프만은 소설의 한편에서 화자의 입을 빌려 자신의 질문을 다음과 같이 던진다. "친애하는 독자여! 다른 모든 것을 몰아내고 그대의 마음, 감각, 생각을 완전히 사로잡는 무언가를 경험해 본 적이 있는가?"(30쪽)

오늘 우리가 마주한 서이령의 시집,『세 번째 출구에서 우리는』이 우리에게 묻는 것 또한 이와 다르지 않다. 이번 시집에서 시인은 무언가에 깊이 탐닉한 주체를 내세워, 우리로 하여금 그의 눈으로 세계를 바라보게 만든다. 차갑고 무정한, 파편화되어 흩날리는 동시에 주체를 진득한 기억의 늪으로 빠뜨리는 이 세계는 우리와 동일한 객관적 세계이면서 탐닉하는 주체에 의해 주관화된 세계라는 점에서 이채로움을 발한다. 그러한 의미에서 『세 번째 출구에서 우리는』의 시적 세계는 다음과 같이 요약될 수 있을 것이다. 사랑에 빠진 주체의 눈에 의해 세계는 어떻게 의미화되는가. 그리고 이 말은 그의 세계가 쉽사리 요약될 수 없는 감정과 감각, 이를테면 사랑의 편린들로 구성되어 있음을 의미하는 것이기도 하다. 이 모순적인 요약(불)가능성을 파고들기 위해, 우리는 다음의 시로부터 이야기를 시작할 필요가 있다.

> 꽃, 메시지 그리고 너
> 소낙비가 내리는 창문이 그리워져서
> 눈을 감는다
> 빛이 사라지는 것을 보면서
> 네가 왔다 가는 것이 보이지만
> 문을 열면 무너질 것 같아서
> (삭제)
>
> 화면 속에서만 존재하는 너

먼 곳에 사는 너
한잔할래 허공에 잔 부딪치는 소리
들려
마음을 보여주겠다고 환하게 웃으며
내놓았던 꽃다발
(삭제)

하현달처럼 기울어가는 너
꽃잎 시들다가 떨어지고 있는데
기다리는 것도 한자리
술잔을 채우는 것은
찌르레기 울음소리로 남고
(삭제)

기억 속에 있는 너
술잔 속에 비친 나를 건져 올려 보아도
잊지 못하겠지 너를
(삭제)

지워도 지워도 다시 그 자리

—「Delete」전문

직설적인 화법이 부각되는 위의 시에서 화자는 자연물과 언어, 그리고 탐닉의 대상을 하나의 문장에 나열하며 시를 시작한다. 시는 그러한 나열과 상관적으로 자연물-언어-대상의 연쇄를 통해 정서적 이미지를 형성한다. 마치 화자가 지닌 기억 속의 편린인 것처럼 느껴지는 각각의 연은 개별적인 이미지를 형성하는데, 이 이미지들은 서사적으로는 연관관계가 없음에도 정서적인 유사성을 통해 마치 한 사람의 이야기인 것 같은 효과를 일으킨다. 화자는 이러한 이미지의 연쇄 속에서 거듭 "(삭제)"를 해나가지만, 이는 결코 완결되지 않으며 시 또한 끝나버리고 만다. 아마도 이 시를 읽은 독자라면 어렵지 않게 화자의 삭제라는 행위가 계속해서 이어지리라는 사실을 유추할 수 있을 것이다.

 지워도 되살아나는 기억 속에 놓인 화자, 이것이 바로 이 시집을 관통하는 화자의 공통 속성이라 할 수 있을 것이다. 화자는 이처럼 지울 수 없는 기억, 혹은 과거가 되어버린 사랑의 현실로 인해 고통받고 있으며, 그러한 고통은 화자로 하여금 자신의 눈에 비친 모든 사물을 그러한 사랑과의 연관관계를 통해서 의미화하도록 만들고 있다. 예컨대 시에 등장하는 사물의 명칭들, "소낙비", "창문", "빛", "문", "잔", "꽃다발", "하현달", "꽃잎", "찌르레기"의 울음소리와 같은 것들은 우리가 살아가는 객관적 현실 속에 위치한 사물들 그것이면서, 동시에 그것이 아니기도 하다는 이야기이다. 왜 그런가? 주체의 현실 속에서 그러한 사물은 잃어버린 사랑의 대상으로서의 '너'와의 연관관계를 통해서만 그 의미가 부여될 수 있기 때문이다.

객관적 현실과 주관적 현실의 틈새, 서이령의 시가 파고들고자 하는 부분은 바로 이 부분이다. 그의 시는 어렵지 않은 일상어를 중심으로 구조화되어 있으되, 간혹 독특한 시적 정서를 전달하거나 혹은 일상적인 의미와는 다른 의미로 통용되는 시어가 존재하곤 한다. 때문에 우리는 이 시를 읽으며 그가 제시하는 언어들로부터 객관적인 현실과의 여집합적 의미를 감각하게 되고, 그 여집합을 통해 주체가 놓인 현실의 아스라한 통증 또한 동시에 감각하게 된다. 가령 다음의 시를 읽어보자.

계단은 숨겨진다 더 높은 세계를 위해 제 역할을 잊은 지 오래되었다 날고 싶다 가끔 천장이 현기증을 일으키고 바닥이 튀어오른다

오래전 엘리베이터로 밀려난 계단은 비상구로 통하는데 자신을 통과하는 사람을 기다리고 있다 누군가 다급하게 달려오거나 느리게 지나는 여유를 만난다

어두워지기 전이다 헤어지는 연인들의 다툼도 지켜보며 감정과 상관없이 꼼짝 못하고 서 있다

계단은 늘 오르려 한다 수직의 길은 앉아 있어도 서 있어도 갈 곳이 없다 그냥 놓여 있다 계단은 궁금하다 내 안의 일이거나 바깥의 일이거나 들릴 듯 말 듯 소리로만 느끼고 있다 꼭 있어야 하는데 쓸모는 별로 없다

아무 일도 일어나지 않으면 아무 의미도 없는 것이다
—「아무 일도 일어나지 않는 오후」 전문

객관적인 대상으로서의 계단에 대해 설명하고 있는 위의 시에서 화자는 계단에 대해 설명하며 그곳에서 있었던 일들에 대해 설명한다. 엘리베이터가 있는 건물에서 계단은 사람들의 주된 이동 통로가 아니기에, 오히려 이 공간은 특수한 일례들로 가득하다. 긴급한 발걸음 혹은 여유가 느껴지는 발걸음도 들려오고, 헤어지는 연인들의 다툼도 들려오며, 그밖에도 우리가 상상할 수 있는 일상 외의 여러 일들이 벌어진다. 화자는 이러한 일례들에 대해 담담하고 건조한 어조로 설명을 이어간다.

무던한 어조로 인해 흡사 풍경에 대한 묘사처럼 보이는 시이지만, 이 시에서는 시집의 다른 시들과 달리 '나'라는 표현으로 자신을 드러내지 않는다는 특징이 있다. 사라진 '나'의 자리에는 '계단'이라는 시어가 대신하고 있기에, 우리는 계단

이 화자의 객관적 대상물이라고 가정해 볼 수도 있을 것이다. 그렇다면 여기에서 벌어진 일례들이란 기실 화자가 경험한 현실에 대한 비유적 표현이라 할 수 있지 않을까. 이와 같은 가정 속에서 우리가 느끼는 것은 하나의 인간이 기억의 저장소이자 통로로서 기능할 수 있다는 '사실'이기도 하지만, 동시에 화자가 그러한 기억들 속에서 객관적인, 혹은 공간과도 같이 단지 그것들이 흘러가게 둘 수밖에 없었다는 아스라한 통증의 역사이기도 하다.

그러한 이미지의 매듭 끝에서 화자가 하는 말은 그렇기에 더욱 가슴 아프게 들려온다. 사실 수많은 일이 있었음에도 그저 "소리로만 느끼"고 있었을 따름이기에, "아무 일도 일어나지 않으면 아무 의미도 없는 것이다"라고 말할 수밖에 없는 '나'의 처지 때문이다. 그렇기에 화자는 다른 시에서 다음과 같이 자신의 삶과 생의 이유에 대해 서술하고 있다.

걸어 보기로 했다. 어두운 길이 엉켜 있다. 겹쳐져 알 수가 없다. 편백나무 숲에서 50cc 스쿠터를 타고 지나쳤던 남자가 신호등에 걸려 서 있다. 걸음을 멈춘 게 이쯤이라고 생각한다. 후회만 남기는 게 결혼뿐일까. 그네에서 수없이 떨어지는 꿈을 꾼 적 있다.

부엉이를 싣고 치악재를 넘던 새벽 자주 비가 내렸다. 자

동차 바퀴들은 나무들을 당기며 굴러가고 있다. 잠을 쫓아
내려고 라디오 볼륨을 키운다. 길 끝에 서서 날이 새지 않
는다고 중얼거린다.

　여전히 바람이 불고 새 한 마리 날려 보내려고 애만 쓰
다 그만 돌아선다. 살았다는 느낌을 통증으로 확인한다. 몇
알의 진통제를 삼킨다. 죽음까진 갈 길이 멀다. 아직 살아
야겠다.

　　　　　　　　　—「아직 살아야겠으니」 전문

　'나'를 화자로 설정하고 있는 이 시에서도 화자는 좀처럼 자신의 정서와 의지를 드러내지 않는다. 화자는 다만 걸을 뿐이며, 걸으며 자신의 눈에 비친 풍경을 담담하게 소회하고 있을 뿐이다. 이 이미지의 연속 속에서 화자는 드문드문 자신의 삶을 반추하며 이를 유추할 수 있게 해줄 언어를 파편적으로 제시한다. 그러한 언어의 제시를 통해 이미지들은 화자인 '나'와 무관한 사물들에서, 그 파편적인 기억과 상관관계에 있는 객관적 상관물로 탈바꿈하며, 동시에 이 무정한 세계는 화자의 내면의 정서를 반영하는 심상으로 그 의미가 바뀌게 된다.
　여기에서도 그러한 변화의 가장 핵심인 축은 상실과 후회인 것처럼 보인다. 화자는 그러한 상실과 후회를 축으로 삼아서 끝없는 세계를 걸어가며, "길 끝에 서서 날이 새지 않는다

고 중얼거린다." 이 기나긴 걸음 속에서 화자는 좀처럼 희망도 절망도 찾지 못한다. 차라리 절망이나 희망이라도 찾는다면 화자는 자신의 삶에 일정한 결정을 할 수 있을 테지만, 그조차도 불가능한 현실은 그렇기에 더욱 도저하게 느껴진다. 그런데 여기에는 하나의 신비함이 서려 있다. 그가 말하듯 "여전히 바람이 불고 새 한 마리 날려 보내려고 애만 쓰다 그만 돌아"설 수 밖에 없는 풍경 속에서, 화자는 돌연 "죽음까진 갈 길이 멀다."며 "아직 살아야겠다."는 불가사의한 생의 의지를 피력한다는 사실이다.

시의 이미지의 연쇄 과정을 촘촘히 살펴보자면, 이 시에서 화자를 둘러싼 세계는 그에게 흡사 고독을 강요하는 것처럼 보이기까지 한다. 그럼에도 왜 화자는 돌연 삶의 의지를 이와 같이 피력하는 것일까. 그것은 이 시집에서 거듭 '너'라는 표현이 반복되는 이유와 상관된다.

> 어느 방향으로 몸을 돌리든
> 우리는 바뀔 것이다
>
> 세상을 바꾸기 위해
> 목적지를 정한 것도 아닌데
>
> 세 번째 출구는

왜 세 번째 출구에만 있나

나는 보이는데
너는 보이지 않는다고
처음 보는 사람처럼 기다린다

같은 방향을 가면서도
서로 꿈이 다르듯

세 번째 출구에서 우리는
모르는 사람처럼 만날 것이다
—「세 번째 출구에서 우리는」 전문

앞서 말한 바와 같이 이 시집에서 세계는 '너'라는 대상을 상실한 화자에 의해 구조화되어 있다. 모든 사물들은 그러한 상실과 그로부터 비롯되는 고독을 중심 축으로 삼아 회전하며 개별적인 의미를 부여받는다. 이는 화자의 눈에 비친 모든 사물이 상실과 고통이라는 필터를 삼아 눈에 비친 것임을 의미하며, 동시에 모든 사물이 화자로 하여금 상실과 고통을 떠올리게 만드는 매개체의 역할을 한다는 것이기도 하다. 사정이 이러할진데, 그 중심에 놓인 '너'라는 대상은 화자에게 있어 일종의 트라우마라고 할 수 있을 것이다. 그럼에도 화자는

'너'라는 대상을 호명하길 멈추지 않는다. 그는 거듭해서 '너'를 부르며, 그에 대한 그리움과 상실의 고통을 반복적으로 이야기한다.

그러한 의미에서 이번 시집에 실린 서이령의 시는 상처를 회복하고 봉합하기 위한 시가 아니다. 오히려 그의 시는 자신의 상처를 계속해서 반복적으로 파고드는 고통의 글쓰기에 가까울 것이다. 하지만 중요한 것은 이러한 반복이 결코 고통만을 상기시키지는 않는다는 점이다. 역설적이게도 이 '너'라는 대상은 객관적 현실 속에서는 '나'로부터 더없이 멀리 떨어진 대상이지만, 이러한 반복의 글쓰기 속에서 '너'라는 대상은 쓰기의 주체인 '나'로부터 한없이 가까운 대상으로 자리매김할 수 있다. 그렇기에 반복되는 글쓰기의 통증에도 불구하고 '나'는 거듭해서 '너'를 호명함으로써 시적 공간 속에 위치시키는 것이다. 예컨대 화자로서의 '나', 시인의 글쓰기란 '너'라는 트라우마의 주변을 반복적으로 선회하는 글쓰기이면서 동시에 그러한 반복을 통해 '너'라는 대상을 거듭 시적 현실 속에 현전시키기 위한 글쓰기이기도 하다.

하지만 이러한 반복은 이 시집에 실린 시들이 그러하듯, '너'라는 시어를 반복한다는 것만으로 계속되지는 않는다. 모든 시가 제각각 다른 형태로 존재하듯, '너'라는 시어 또한 반복의 순간마다 필연적으로 부분적이나마 달라질 수밖에 없다. 이러한 글쓰기의 사정에 대해 이야기하듯 화자는 "어느 방향으로 몸을 돌리든/우리는 바뀔 것이다"라고 이야기한다. 하지만 그럼에도 거듭 화자는 '너'라는 대상을 호명하며, 그 주변을 맴돈다. 그러한 통증 속에서 화자는 비로소 한 줄기의 희망을 발견하는데, 그것을 화자는 다음과 같이 표현한다. "같은 방향을 가면서도/서로 꾸는 꿈이 다르듯//세 번째 출구에서 우리는/모르는 사람처럼 만날 것이다"라는 표현이 그것이다.

우리는 으레 인연이라는 것을 동일성으로부터 기초하는 것이라 생각한다. 하지만 다시금 생각해 보자면, 실상 마주침이란 서로 다른 궤도 속에서 다른 방향으로 나아가던 두 사물의 우연적인 조우에 가깝다. 서이령이 「세 번째 출구에서 우리는」이라는 시에서 밝히고 있는 희망의 한 가닥 또한 이와 같다. 오히려 상실의 현실 속에서, 서로 다르게 존재한다는 사실은 과거에는 이별의 이유로 작용했지만, 미래에는 역설적으로 재회를 위한 가능성으로 뒤바뀌게 된다. 이것이 그가 수행한 반복적 글쓰기를 통해 얻어낸 한 줄기의 희망이라면, 그 글쓰기 속에서 수없이 반복된 고통이 무의미하지는 않았다고 이야기할 수 있을 것이다.

이제 다시 처음의 질문으로 돌아올 차례이다. 어쩌면 서이령의 이번 시집은 E.T.A 호프만의 질문에 대해 다른 방식으로 대답하고 있는 시집인지도 모른다. "다른 모든 것을 몰아내고 그대의 마음, 감각, 생각을 완전히 사로잡는 무언가를 경험"에 대해, 그리고 그러한 경험을 통해 구성되는 세계에 대해 자신만의 미적 방식으로 축조해낸 세계가 바로 이 『세 번째 출구에서 우리는』의 시적 세계인 것이다. 그렇기에 이 세계 속에는 무언가에 완전히 사로잡힌 사람만이 경험하는 통증과 그로부터 추인되는 고독이 한껏 묻어 있다. 하지만 그것은 단지 고통에만 머무르는 것이 아니라, 오히려 그로부터 추인될 수 있는 특유의 희망을 향해 성큼성큼 걸어가고 있기도 하다. "어느 방향으로 몸을 돌리든/우리는 바뀔 것이다"라는 그의 말처럼, 살아 있으며 계속 걸을 수만 있다면 그 세계는 단지 고통으로만 점철될 수는 없으며 언젠가는 한 가닥 희망의 빛 줄기를 만나게 되리라는 추상이 깨달음처럼 어려 있다. 그러니 그 세계에 우리들 또한 몸을 던진다면, 개별자로서 경험하는 고통이 무한히 반복될 수는 없다는 사실과 그 고통이 무의미하지만은 않다는 사실을 또한 깨달을 수 있으리라 믿는다.

문학의전당 시인선 379

세 번째 출구에서 우리는

ⓒ 서이령

초판 1쇄 인쇄 2024년 5월 9일
초판 1쇄 발행 2024년 5월 16일
       지은이 서이령
       펴낸이 고영
       디자인 헤이존
       펴낸곳 문학의전당
      출판등록 제448-251002012000043호
         주소 충북 단양군 적성면 도곡파랑로 178
         전화 043-421-1977
       전자우편 sbpoem@naver.com

  ISBN 979-11-5896-646-1 03810

*이 책의 판권은 지은이와 문학의전당에 있습니다.
*양측의 서면 동의 없는 무단 전재 및 복제를 금합니다.
*잘못 만들어진 책은 바꿔드립니다.
*이 시집은 2024년 강원특별자치도, 강원문화재단 후원으로
 발간되었습니다.